Úžasná moc žehnania

Richard Brunton

Úžasná moc žehnania
Vydalo Richard Brunton Ministries
Nový Zéland

© 2021 Richard Brunton

ISBN 978-0-473-58944-8 (Softcover)
ISBN 978-0-473-58945-5 (ePUB)
ISBN 978-0-473-58946-2 (Kindle)
ISBN 978-0-473-58947-9 (PDF)

Úpravy:
Osobitné poďakovanie patrí
Joanne Wiklundovej a Andrewovi Killickovi
za to, že urobili príbeh zrozumiteľnejším,
než by možno inak bol!

Výroba a sadzba:
Andrew Killick
Castle Publishing Services
www.castlepublishing.co.nz

Dizajn obalu:
Paul Smith

Citácie písiem sú prevzaté z Biblie, evanjelického prekladu
© Tranoscius, 2015
Použité so súhlasom. Všetky práva vyhradené.

VŠETKY PRÁVA VYHRADENÉ

Žiadna časť tejto publikácie nesmie byť bez
predchádzajúceho písomného súhlasu vydavateľa reprodukovaná,
uložená vo vyhľadávacom systéme ani prenášaná v akejkoľvek
forme alebo akýmkoľvek spôsobom, elektronicky, mechanicky,
kopírovaním, nahrávaním alebo iným spôsobom.

OBSAH

Predslov	5
Úvod	9
Časť prvá: Prečo žehnať?	**13**
Náhľad	15
Moc nášho prejavu	19
Prechod od dobrorečenia k žehnaniu: Naše poslanie	22
Čo je kresťanské požehnanie?	24
Naša duchovná autorita	27
Časť druhá: Ako na to	**33**
Niektoré dôležité princípy	35
Urobte si z čistých úst svoj životný štýl	35
Spýtajte sa Ducha Svätého, čo povedať	35
Rozdiel medzi žehnaním a príhovorom	36
Nesúďte	37
Príklad pre ilustráciu	38
Rôzne situácie, ktorým môžeme čeliť	40
Ako žehnať tých, ktorí nám zlorečia alebo nás preklínajú	40

Ako žehnať tých, ktorí nás zraňujú alebo odmietajú	41
Ako žehnať tých, ktorí nás dráždia	44
Ako namiesto preklínania žehnať sami seba	47
Ako rozpoznať a lámať kliatby	47
Ako žehnať svoje ústa	49
Ako žehnať svoju myseľ	50
Ako žehnať svoje telo	52
Ako žehnať svoj domov, manželstvo a deti	56
Otcovské požehnanie	64
Ako prorockými slovami žehnať druhých ľudí	70
Ako žehnať svoje pracovisko	70
Ako žehnať komunitu	73
Ako žehnať zem	75
Ako žehnať Pána	76
Záverečné slovo čitateľa	77
Záverečné slovo autora	78
Uplatnenie	79
Ako sa stať kresťanom	81

PREDSLOV

Odporúčam vám, aby ste si prečítali túto malú knižku s jej mocným posolstvom – zmení vás to!

Keď som bol s Richardom Bruntonom jedného rána na raňajkách, tak sa mi zveril s tým, čo mu Boh zjavil o moci žehnania, a ja som okamžite videl potenciál, ako to môže veľmi ovplyvňovať životy druhých.

Natočil som jeho posolstvo, aby som ho ukázal pri duchovnom sústredení mužov nášho zboru. Prítomní muži si mysleli, že je také dobré, že chceli, aby ho počul celý zbor. Ľudia ho začali uvádzať do praxe vo všetkých oblastiach svojho života a ako výsledok sme počuli úžasné svedectvá. Jeden podnikateľ uviedol, že jeho podnikanie prešlo od "ničoho k zisku" v priebehu dvoch týždňov. Ďalší boli fyzicky uzdravení, keď začali žehnať svoje telo.

Začali sa naskytovať ďalšie príležitosti, aby si toto

posolstvo vypočulo viac ľudí. Mal som hovoriť na akcii Zhromaždenie generálov (kde sa zboroví pastori schádzajú, aby sa učili a osviežili) v Keni a Ugande. Richard ma na tej ceste sprevádzal a mal lekciu ohľadom žehnania. Posolstvo prelomilo dlho pochovanú prázdnotu a bolesť. Väčšina ľudí v publiku nebola nikdy požehnaná svojimi otcami, a keď Richard zastal túto rolu a žehnal ich, mnohí plakali a zažili emocionálne a duchovné oslobodenie spolu s okamžitou zmenou svojho života.

Vedieť, ako žehnať, ovplyvnilo môj život do takej miery, že teraz hľadám príležitosti, ako žehnať druhých ľudí "slovom a skutkom" – skrze to, čo hovorím a robím. Táto malá knižka sa vám bude páčiť a ak ju uplatníte vo svojom živote, budete oplývať a pretekať plodnosťou pre Božie kráľovstvo.

Geoff Wiklund
Geoff Wiklund Ministries,
Bývalý predseda Promise Keepers,
Auckland, Nový Zéland

Boh požehnal Richarda tým, čo mu odhalil o moci žehnania, keď je vyliate na druhých ľudí. Verím, že toto je zjavenie od Boha pre našu dobu.

Ako Richard žije svojím posolstvom, prináša to opravdivosť, ktorú ľudia okamžite vycítia.

To nás prividelo na myšlienku pozvať Richarda, aby prehovoril na všetkých našich mužských akciách Promise Keepers. Vplyv bol pre mnohých nesmierne silný a život meniaci.

"Žehnanie" bola téma, ktorá zasiahla a získala srdcia mužov na akciách Promise Keepers. Na toto dôležité učenie – o žehnaní a moci dobrorečenia – bol obrovský kladný ohlas. Mnohým mužom sa nikdy nedostalo požehnania, ani ho nedali druhým. Potom, čo počuli Richardovo posolstvo a prečítali si túto knižku, dostali mocné požehnanie a boli pripravení žehnať druhých v mene Otca, Syna a Ducha Svätého.

Chválim Richarda a túto knižku o Úžasnej moci žehnania ako mocný spôsob, ako uvoľniť plnosť Božieho požehnania v našich rodinách, našich komunitách a našom národe.

Paul Subritzky
Bývalý národný riaditeľ Promise Keepers
Auckland, Nový Zéland

ÚVOD

Každý rád počuje vzrušujúce správy – ale je dokonca ešte lepšie, keď ich môžete povedať!

Keď som objavil hodnotu žehnania, bolo to, ako by som bol ten muž v Biblii, ktorý objavil poklad na poli. S nadšením som zdieľal svoje myšlienky a skúsenosti s pastorom Geoffom Wiklundom a ten ma požiadal, aby som prehovoril k mužom z jeho zboru na sústredení vo februári 2015. Boli tak ohromení, že chceli, aby posolstvo počul celý zbor.

V ten deň, keď som hovoril v zbore, boli medzi zúčastnenými aj reverend Brian France z Charisma Christian Ministries a Paul Subritzky z Promise Keepers NZ. To viedlo k tomu, že som zdieľal svoje posolstvo v Charisme na Novom Zélande a na Fidži, a tiež s mužmi v Promise Keepers. Mnohí sa ho chopili a okamžite ho začali uvádzať do praxe, s vynikajúcimi výsledkami. Niektorí sa vyjadrili, že nikdy predtým nepočuli učenie o tejto stránke Božieho kráľovstva.

Zdalo sa, že služba žehnania narastá ako lavína. (Nehovorí Boh: "Dar otvára človeku dvere"?). Koncom roku 2015 som sprevádzal pastora Geoffa do Kene a Ugandy. Kázal stovkám pastorov, ktorí sa zúčastnili Zhromaždenia generálov. Bola to každoročná akcia, na ktorej delegáti hľadali inšpiráciu a podporu, a Geoff mal pocit, že moje učenie o žehnaní by im pomohlo. A naozaj sa tak stalo. Nielen pastori, ale aj ďalší kazatelia z Ameriky, Austrálie a Južnej Afriky cítili, že to je mocné posolstvo, a povzbudzovali ma, aby som urobil niečo pre oslovenie širšieho publika.

Nechcel som budovať alebo udržiavať webové stránky, ani písať hĺbkovú prácu, keď už existujú iné a vynikajúce. Posolstvo ohľadom žehnania je veľmi jednoduché, ľahko uskutočniteľné, a nechcel som, aby sa jeho jednoduchosť stratila v zložitosti, preto táto malá knižka.

Citácie som čerpal z knižiek *Moc žehnania* od Kerryho Kirkwooda, *Záplava milosti: Ako sa stať ľuďmi požeh-

nania od Roya Godwina a Davea Robertsa, *Otcovské požehnanie* od Franka Hammonda a *Zázrak a moc žehnania* od Maurica Berquista. Určite som čerpal alebo sa učil aj od iných ľudí a z ďalších kníh, ale v priebehu rokov mi to všetko splynulo.

Objav moci žehnania otvorí úplne nový spôsob života každému, kto podľa toho koná. Ľudí teraz žehnám takmer každý deň – veriacich aj neveriacich – v kaviarňach, reštauráciách, hoteloch, čakárňach, a dokonca aj na ulici. Žehnal som siroty, sirotince, letušky v lietadle, ovocné sady, zvieratá, peňaženky, podniky a zdravotné problémy. Dospelí muži a ženy mi plakali na hrudi, keď som nad nimi vyslovil otcovské požehnanie.

Keď som hovoril s neveriacimi, zistil som, že otázka "Môžem vás požehnať alebo vaše podnikanie, vaše manželstvo, atď.?" je menej zastrašujúce než "Môžem sa za vás modliť?". Tento jednoduchý prístup, vyjadrený s láskou, skutočne viedol jedného z mojich rodinných príslušníkov po rokoch hádok k poznaniu lásky a spásonosnej moci Ježiša Krista.

Výsledok často nevidím, ale videl som dosť, aby som vedel, že požehnanie mení život. A mňa zmenilo tiež.

Je Božou prirodzenosťou žehnať a ako bytosti stvorené podľa Jeho obrazu ju máme aj v našej duchovnej DNA. Duch Svätý čaká, až Boží ľud vystúpi vo viere a v autorite, ktorú pre nich Ježiš Kristus získal, aby zmenil životy.

Som si istý, že vám táto knižka pomôže. Ježiš nás nenechal bezmocnými. Vyslovovať požehnanie vo všetkých možných situáciách je zanedbávaná duchovná milosť, ktorá má potenciál zmeniť váš svet.

Užite si to.
Richard Brunton

ČASŤ PRVÁ:
Prečo žehnať?

NÁHĽAD

Moja manželka Nicole je z Novej Kaledónie, takže to samozrejme znamenalo, že som sa musel naučiť hovoriť po francúzsky a tráviť dostatok času v jej rodisku, v Noumée. Hoci je Nová Kaledónia prevažne katolíckou krajinou, netrvalo dlho, než som si všimol, že mnoho ľudí je stále v kontakte s "temnou stranou", ale zároveň praktizuje svoju vieru. Nebolo nezvyčajné, že ľudia navštevovali médium, jasnovidca alebo liečiteľa, bez toho aby chápali, že sa vlastne obracajú na čarodejníctvo.

Spomínam si, ako ma moja manželka vzala na návštevu k mladej, asi dvadsaťročnej žene, ktorú predtým vzali k jednému z týchto "liečiteľov", ale ktorá čoskoro potom skončila v ústave pre ľudí trpiacich duševnou poruchou a depresiou. Keď som pochopil, že je kresťanka, prikázal som menom Ježiša Krista démonom, ktorí do nej vstúpili, aby odišli. Katolícky kňaz sa tiež modlil a naším spoločným úsilím bolo toto dievča oslobodené a krátko potom prepustené z ústavu.

Iní vyznávali svoju katolícku vieru a pritom otvorene vystavovali sochy alebo artefakty iných bohov. Stretol som tam jedného takého muža, ktorý mal neustále žalúdočné problémy. Jedného dňa som mu povedal, že verím tomu, že keď sa zbaví veľkého tučného Budhu pred svojím domom (v noci bol celý rozsvietený), tak jeho žalúdočné problémy ustanú. Okrem toho museli ísť preč aj niektoré artefakty, ktoré nazhromaždil. Bránil sa tomu – ako by mu mohli tieto "mŕtve" veci spôsobiť chorobu? Po niekoľkých mesiacoch som ho znova stretol a spýtal som sa, ako je na tom so žalúdkom. Trochu rozpačito odpovedal: "Nakoniec som dal na Tvoju radu a zbavil sa Budhu. Môj žalúdok je teraz v poriadku."

Pri inej príležitosti som bol požiadaný, aby som šiel k jednej žene, ktorá mala rakovinu. Než som sa začal modliť, navrhol som, aby sa zbavili sôch Budhu v obývačke, čo jej manžel okamžite urobil. Ako som lámal jej kliatby a v mene Ježiša kázal démonom, aby odišli, opísala ľadový chlad pohybujúci sa jej telom od nôh nahor a opúšťajúci hlavu.

Na tomto základe som sa rozhodol urobiť prednášku o kliatbach modlitebnej skupine, ktorú sme s manželkou založili v našom byte v Nouméé. Prednáška bola založená na diele Dereka Princea (Derek Prince bol uznávaný učiteľ Biblie v dvadsiatom storočí). Keď som pripravoval svoje posolstvo vo francúzštine, zistil som, že ich slovo pre kliatbu je "malédiction" a slovo pre požehnanie je "bénédiction". Doslovný význam týchto slov je "dobrorečenie" a "zlorečenie".

Predtým, keď som porovnával kliatbu a požehnanie, kliatba vyzerala tmavá, ťažká a nebezpečná, a požehnanie sa zdalo celkom ľahké a neškodné. Učenie o kliatbe som už predtým počul, ale nikdy o požehnaní – čo pravdepodobne prispelo k môjmu pohľadu. Ani som nikdy nikoho nepočul žehnať druhého so skutočným úmyslom a účinkom. Vlastne, ako by kresťanské požehnanie bolo nanajvýš povedať: "Pozdrav Pán Boh", keď niekto kýchne, alebo napísať "Boh vás žehnaj" na konci listu alebo e-mailu – ako by to bol skôr iba zvyk než niečo zámerné.

Neskôr, ako som premýšľal o tých slovách "malédiction" a "bénédiction", ma napadlo, že ak je "zlorečenie" mocné, potom by "dobrorečenie" malo byť prinajmenšom rovnako mocné a s Bohom pravdepodobne oveľa mocnejšie!

Toto zjavenie, spolu s ďalšími poznatkami, o ktorých budem hovoriť neskôr, ma priviedlo na cestu k objaveniu moci žehnania.

MOC NÁŠHO PREJAVU

Nechcem opakovať to, čo už veľa dobrých kníh povedalo o moci našich slov. Chcem zhrnúť, čo je podľa mňa v tejto oblasti veľmi dôležité.

Vieme, že:

> *Smrť a život sú v moci jazyka, a kto ho miluje, okúsi jeho ovocie. (Príslovia 18:21)*

Slová obsahujú obrovskú moc – buď kladnú a konštruktívnu, alebo zápornú a ničivú. Zakaždým, keď vyslovujeme slová (a dokonca používame zvláštny tón, ktorý týmto slovám pridáva zmysel), vyslovujeme buď život alebo smrť nad tými, ktorí nás počujú, aj sami nad sebou. Ďalej vieme, že:

> *Lebo z plnosti srdca hovoria ústa. Dobrý človek vynáša dobré z dobrého pokladu a zlý vynáša zlé zo zlého pokladu. (Matúš 12:34-35)*

Tak z kritického srdca hovorí kritický jazyk, zo samospravodlivého srdca odsudzujúci jazyk, z nevďačného srdca sťažujúci sa jazyk, a tak ďalej. Rovnako tak žiadostivé srdce nesie odpovedajúce ovocie. Svet je plný negatívnych rečí. Médiá ich chrlia deň čo deň. Vzhľadom na to, že ľudská prirodzenosť je, aká je, máme tendenciu nehovoriť dobre o ľuďoch alebo situáciách. Nezdá sa, že by nám prišlo prirodzené hovoriť dobre. Často čakáme, až ľudia zomrú, než o nich povieme pekné veci. "Dobrý poklad" však pramení z láskyplných sŕdc, ktoré hovoria láskavým jazykom, z mierumilovných sŕdc hovorí zmierlivý jazyk, a tak ďalej.

Výrok "a kto ho miluje, okúsi jeho ovocie", naznačuje, že zberáme to, čo zasievame – či už je to dobré alebo zlé. Inými slovami, dostanete to, čo hovoríte. Čo si o tom myslíte?

To platí pre všetky ľudské bytosti bez ohľadu na to, či majú alebo nemajú kresťanskú vieru. Kresťania aj nekresťania môžu hovoriť slová života – napríklad môžu povedať: "Chlapče, postavil si krásny domček.

Raz z teba možno bude vynikajúci staviteľ alebo architekt. Výborne."

Ale znovuzrodený kresťan má nové srdce. Biblia hovorí, že sme "nové stvorenia" (2. Korintským 5:17). Preto by sme ako kresťania mali viac dobrorečiť a menej zlorečiť. Ak nebudeme dobre strážiť svoje srdcia a slová, môžeme ľahko skĺznuť do negativity. Akonáhle o tom začnete vedome premýšľať, budete prekvapení, ako často kresťania – aj nevedomky – preklínajú sami seba aj ostatných. Viac o tom neskôr.

PRECHOD OD DOBROREČENIA K ŽEHNANIU: NAŠE POSLANIE

Ako kresťania môžeme s životom Pána Ježiša, ktorý v nás pôsobí, ísť ďalej než k dobrorečeniu – môžeme vyslovovať a dávať požehnanie ľuďom alebo situáciám – a sme k tomu naozaj povolaní. Možno, že žehnanie je naše veľké poslanie. Prečítajte si toto:

Buďte milosrdní a pokorní. Neodplácajte sa zlým za zlé, ani zlorečením za zlorečenie, ale naopak: žehnajte, lebo na to ste boli povolaní, aby ste zdedili požehnanie. (1. Petrov 3:8-9)

Sme povolaní žehnať a prijímať požehnanie.

Prvá vec, ktorú Boh povedal Adamovi a Eve, bolo požehnanie:

Boh ich požehnal a povedal im: "Plodte a množte

sa, naplňte zem a podmaňte si ju..." (Genezis 1:28)

Boh ich požehnal, aby mohli byť plodní. Žehnanie je vlastnosťou Boha – to je to, čo robí! A rovnako ako Boh (a od Boha) my tiež máme autoritu a moc žehnať druhých.

Ježiš žehnal. Poslednou vecou, ktorú urobil, dokonca keď už sa chystal vystúpiť do neba, bolo žehnať svojich učeníkov:

> *Potom ich vyviedol von až k Betánii, zdvihol ruky a požehnal ich. A keď ich žehnal, vzdialil sa od nich a bol unášaný do neba. (Lukáš 24:50-51)*

Ježiš je náš vzor. Povedal, že by sme mali robiť to isté, čo robil on, v Jeho mene. Sme stvorení Bohom na to, aby sme žehnali.

ČO JE KRESŤANSKÉ POŽEHNANIE?

V Starom zákone je pre slovo "požehnanie" použité hebrejské slovo "barak". To jednoducho znamená "vyslovovať Boží zámer".

V Novom zákone je pre slovo "požehnanie" použité grécke slovo "eulogia", z ktorého máme slovo "eulógia" [chvála]. V praxi to teda znamená "hovoriť dobre o" alebo "vyslovovať Boží zámer a priazeň nad" človekom.

To je definícia požehnania, ktorú použijem pre túto knižku. Požehnanie je vyslovenie Božieho zámeru alebo priazne nad niekým alebo nejakou situáciou.

Boh sa z veľkej časti vo svojej múdrosti rozhodol obmedziť svoje dielo na Zemi na to, čo môže prostredníctvom svojho ľudu dosiahnuť. Takto prináša svoje kráľovstvo na Zem. Preto chce, aby sme žehnali v jeho mene. Ako kresťan teda môžem v mene Ježiša vyslovovať Božie úmysly alebo priazeň nad niekým alebo nejakou situáciou. Ak to urobím s vierou a láskou, potom v tom, čo hovorím, mám nebeskú moc a môžem očakávať, že Boh začne konať, aby pohol vecami z miesta, kde sú, tam kde chce, aby boli. Keď niekoho zámerne žehnám, s láskou a vierou, umožňujem Bohu, aby spustil svoje plány pre túto osobu.

Na druhej strane niekto môže zámerne alebo zvyčajne neúmyselne vyslovovať Satanove úmysly nad niekým alebo dokonca nad sebou, čo potom démonickým silám umožní spustiť svoje plány pre túto osobu – to znamená kradnúť, zabíjať a ničiť. Ale vďaka Bohu:

Väčší je Ten, ktorý je vo vás, ako ten, čo je vo svete. (1. Jánov 4:4)

Žehnať, to je samotné srdce Božie – je to skutočne jeho podstata! Božia túžba žehnať je šialene extravagantná! Nič ho nemôže zastaviť. Je odhodlaný žehnať ľudstvo. Jeho túžbou je, aby Ježiš mal mnoho bratov a sestier. To sme my! Hoci samotným Božím srdcom je žehnať ľudstvo, ešte viac túži, aby sa jeho ľudia žehnali navzájom.

Keď žehnáme v Ježišovom mene, prichádza Duch Svätý, pretože odzrkadľujeme niečo, čo robí Otec – hovoríme slová, ktoré si Otec želá, aby boli povedané. Neustále ma ohromuje, aká je to pravda. Keď niekoho žehnám, je pri tom Duch Svätý – dotkne sa danej osoby, uvoľní sa láska a veci sa zmenia. Ľudia ma často potom objímu, alebo plačú a hovoria: "Ani nevieš, v aký pravý čas a ako silné to bolo", alebo "Ani nevieš, ako veľmi som to potreboval".

Ale je tu niečo veľmi dôležité, čo je potrebné si všimnúť: žehnáme z pozície intimity s Bohom, z Jeho prítomnosti. Naša duchovná blízkosť k Bohu je veľmi dôležitá. Naše slová sú Jeho slová a sú pomazané Jeho mocou, aby sa naplnili Jeho úmysly pre túto osobu alebo situáciu. Ale vráťme sa trochu späť…

NAŠA DUCHOVNÁ AUTORITA

V Starom zákone sa mali kňazi prihovárať za ľudí a vyslovovať nad nimi požehnanie.

> *Takto hovoriac požehnávajte Izraelcov:*
> *Nech ťa požehná Hospodin a nech ťa ochraňuje!*
> *Nech rozjasní Hospodin svoju tvár nad tebou a nech ti je milostivý!*
> *Nech obráti Hospodin svoju tvár k tebe a nech ti udelí pokoj!*
> *Tak nech kladú moje meno na Izraelcov a ja ich požehnám. (Numeri 6:23-27)*

V Novom zákone sa my, kresťania, nazývame:

> *…vyvoleným rodom, kráľovským kňazstvom, svätým národom, ľudom Jemu vlastným, aby ste zvestovali cnostné skutky Toho, ktorý vás povolal z tmy do svojho predivného svetla. (1. Petrov 2: 9)*

A Ježiš

> ...nás urobil kráľovstvom, kňazmi svojmu Bohu a Otcovi... *(Zjavenie 1:6)*

Pred časom som sedel na Ouen Toro, vyhliadke v Nouméa, a hľadal som myšlienku, s ktorou by som prispel do modlitebnej skupiny. Cítil som, ako Boh hovorí: "Neviete, kto ste." O niekoľko mesiacov neskôr: "Keby ste len vedeli, akú autoritu máte v Kristovi Ježišovi, zmenili by ste svet." Obe tieto posolstvá sa týkali určitých skupín ľudí, ale neskôr som si uvedomil, že boli aj pre mňa.

Myslím, že v kresťanských kruhoch je všeobecne známe, že hovoriť priamo k chorobe alebo stavu ("hore" – Marek 11:23) a prikazovať uzdravenie, je účinnejšie ako žiadať Boha, aby to urobil (Matúš 10:8, Marek 16:17-18). To bola jednoznačne moja skúsenosť a skúsenosť mnohých ďalších známych a vážených ľudí, ktorí sú aktívni a úspešní v službe uzdravovania a vyslobodzovania. Verím, že Ježiš v skutočnosti hovorí: "*Vy* uzdravujte chorých (v mojom mene). Nie je to *moja* práca, je to *vaša* práca. *Vy* to urobte."

Boh chce uzdravovať a chce to robiť skrze nás. Boh chce vyslobodzovať a chce to robiť skrze nás. Boh chce žehnať a chce to robiť skrze nás. Môžeme žiadať Boha, aby žehnal, alebo môžeme žehnať v Ježišovom mene.

Spomínam si, že pred niekoľkými rokmi som si urobil čas ísť skôr do práce, aby som požehnal svoju firmu. Začal som: "Bože, požehnaj Colmar Brunton." Bol to prázdny pocit. Potom som to zmenil – najprv trochu váhavo – z "Bože, požehnaj Colmar Brunton" na:

Colmar Brunton, žehnám ťa v mene Otca, Syna a Ducha Svätého. Žehnám vás v Aucklande a žehnám vás vo Wellingtone a žehnám vás v regiónoch. Žehnám vás v práci a žehnám vás doma. Dávam priechod Božiemu kráľovstvu na tomto mieste. Príď Duchu Svätý, si tu vítaný. Vylievam lásku, radosť, pokoj, trpezlivosť, láskavosť, dobrotu, miernosť, vernosť, sebakontrolu a jednotu. V mene Ježiša vylievam myšlienky Božieho kráľovstva, ktoré by pomohli našim klientom uspieť a urobiť svet lepším miestom. Vylievam priazeň na klientskom trhu. Vylievam priazeň na trhu práce. Žehnám našu víziu: "Lepšie podnikanie, lepší svet". V mene Ježiša, amen.

Ako som sa cítil vedený, tak som robil znamenia kríža pri našom vchode a duchovne uplatňoval ochranu v Ježišovej krvi nad naším podnikaním.

Od chvíle, kedy som zmenil slová "Bože, požehnaj Colmar Brunton" na "Žehnám Colmar Brunton v mene Otca, Syna a Ducha Svätého", na mňa zostúpilo Božie pomazanie – cítil som Božie potešenie a uistenie. Bolo to, akoby hovoril: "Pochopil si to, synu, to je to, čo chcem, aby si robil." Aj keď som to od tej doby už určite urobil tisíckrát, vždy v tom cítim Božej potešenie. A výsledky? Atmosféra v kancelárii sa zmenila a zmenila sa rýchlo, až do bodu, kedy o tom ľudia otvorene hovorili, a premýšľali, prečo sa veci tak zmenili. Bolo to naozaj úžasné! Žehnanie môže naozaj zmeniť náš svet.

Ale nezastavil som sa tu. Ráno, keď bola kancelária stále prázdna, keď som prišiel k stoličke niekoho, kto potreboval múdrosť pre konkrétnu situáciu, požehnal som ho, položil ruky na stoličku a veril, že pomazanie na to, aby sa uskutočnilo požehnanie, prejde do látky stoličky, a tak na osobu sediacu na nej (Skutky 19:12). Kedykoľvek som si bol vedomý konkrétnych potrieb, ktoré ľudia mali, tak som žehnal v tom duchu.

Pamätám si najmä človeka, ktorý sa zvyčajne rúhal – to znamená, že používal Božie meno ako nadávku. Jedného rána som položil ruky na jeho stoličku a v mene Ježiša zviazal ducha rúhania. Musel som to niekoľkokrát zopakovať, ale nakoniec zlý duch, ktorý za tým stál, musel na kolená pred väčšou mocou, a rúhanie zo slovníka toho muža na pracovisku zmizlo.

Spomínam si tiež na muža, ktorý ku mne chodil pre modlitbu a chcel, aby ho Boh vyslobodil z jeho pracoviska, pretože sa tam všetci rúhali. Zastával som opačný názor: tento muž tam bol, aby žehnal svoje pracovisko a zmenil atmosféru! Môžeme zmeniť náš svet.

Usúdil som, že zatiaľ čo Boh túži žehnať ľudstvo, ešte viac si želá, aby sme my – jeho ľud, jeho deti – žehnali ľudstvo. Máte duchovnú autoritu. *Vy žehnajte!*

Náš nebeský Otec chce, aby sme sa spolu s Ním *podieľali*, aby sme *spolupracovali*, na Jeho diele spasenia. Môžeme žehnať ľudstvo uzdravovaním a vyslobodzovaním, ale môžeme tiež žehnať ľudstvo svojimi slovami. Sme ľudia, ktorých Boh používa, aby požehnal svet. Aké privilégium a zodpovednosť!

Takže pre mňa žehnať je hovoriť o Božích zámeroch s životmi alebo situáciami ľudí s láskou, otvorenými očami, zámerne, s autoritou a mocou, z nášho ducha naplneného Duchom Svätým. Jednoducho povedané, žehnanie je konanie vo viere s tým, že vyhlasujeme Boží zámer nad osobou alebo situáciou. Keď vyhlasujeme Boží zámer, uvoľňujeme Jeho schopnosť pohnúť vecami z miesta, kde sú, tam kde chce, aby boli.

A pamätajte si – sme požehnaní, pretože žehnáme.

ČASŤ DRUHÁ:
Ako na to

NIEKTORÉ DÔLEŽITÉ PRINCÍPY

Urobte si z čistých úst svoj životný štýl

Z tých istých úst vychádza dobrorečenie a preklínanie. Bratia moji, to nemá tak byť! (Jakubov 3:10)

Ak budeš vyslovovať iba to, čo je vzácne, a nie podlé, budeš akoby mojimi ústami. (Jeremiáš 15:19b)

Ak chcete hovoriť o Božích úmysloch s ľuďmi, musíte sa vyhnúť používaniu slov, ktoré sú bezcenné alebo horšie ako bezcenné.

Spýtajte sa Ducha Svätého, čo povedať

Rozniette svojho ducha (chválami alebo hovorením v jazykoch). Požiadajte Ducha Svätého, aby vám umožnil cítiť Otcovskú lásku k človeku, ktorého chcete požehnať. Modlite sa približne toto:

> *Otče, čo chceš, aby som povedal/a? Prosím, daj mi slová požehnania pre túto osobu. Ako ho/ju môžem povzbudiť alebo utešiť?*

Rozdiel medzi žehnaním a príhovorom
Väčšina ľudí zistí, že je dosť ťažké naučiť sa vyslovovať nahlas požehnanie. Neustále skĺzavajú do "prihovárania sa" a žiadajú Otca, aby požehnal. Aj keď je to dobrá vec, požehnanie vyslovené týmto spôsobom je v skutočnosti modlitbou, preto je dôležité poznať rozdiel. Vyslovovanie alebo vyhlasovanie požehnania nenahrádza modlitbu a príhovor, ale sprevádza ich – mali by byť pravidelne spolu.

Spisovatelia Roy Godwin a Dave Roberts to vo svojej knihe *Záplava milosti* vyjadrili veľmi dobre:

> *Keď žehnáme, pozeráme sa danej osobe do očí (ak je to v danej situácii možné) a hovoríme priamo k nej. Môžeme napríklad povedať niečo*

ako: "Žehnám ťa v mene Pánovom, aby na tebe spočinula milosť Pána Ježiša. Žehnám ťa v Jeho mene, aby ťa obklopila a naplnila Otcovská láska, aby si spoznal/a vo svojom najhlbšom vnútri, ako plne a úplne ťa prijíma a raduje sa z teba. "

Všimnite si osobné zámeno "ja". Som to ja, kto priamo vyslovuje požehnanie v mene Ježiša. Nemodlil som sa k Bohu za požehnanie, ale vyslovil som požehnanie pomocou autority, ktorú nám Ježiš dáva, aby sme vyslovovali požehnanie nad ľuďmi, aby mohol prísť On a požehnať ich.

Nesúďte

Neposudzujte, či si niekto zaslúži požehnanie alebo nie. Skutočné požehnanie, vyslovené nad niekým alebo niečím, vyjadruje spôsob, ako ich Boh vidí. Boh sa nezameriava na to, ako sa možno v danom okamihu javí, ale skôr na to, aký by mal byť.

Napríklad Boh nazval Gedeona *"silným hrdinom"*

(Sudcov 6:12), aj keď v tom čase bol všetkým iným ako tým! Ježiš nazval Petra *"skalou"* (Matúš 16:18) skôr, ako mal "ramená", na ktorých by niesol závislosť ostatných ľudí na ňom. Ďalej čítame: *"Boh ... oživuje mŕtvych a povoláva to, čo nie je, ako by bolo." (Rimanom 4:17)*. Ak tomu rozumieme, odstráni to náš sklon konať ako "sudcovia", či si niekto zaslúži požehnanie.

Čím menej si niekto *zaslúži* požehnanie, tým viac ho potrebuje. Ľudia, ktorí žehnajú ľudí nezasluhujúcich si požehnanie, dostávajú na oplátku najväčšie požehnanie.

Príklad pre ilustráciu
Predstavte si, že existuje muž menom Fero, ktorý má problém s pitím. Ferova manželka s ním nie je šťastná, takže sa možno modlí niečo ako: *"Bože, žehnaj Fera. Prinúť ho, aby prestal piť a počúval ma."* Ale bolo by oveľa mocnejšie povedať niečo ako:

> *Fero, žehnám ťa v mene Ježiša. Nech sa uskutočnia Božie plány pre tvoj život. Nech sa staneš človekom, manželom a otcom, ktorým ťa Boh*

určil. Žehnám ťa, aby si bol oslobodený od závislosti. Žehnám ťa pokojom Kristovým.

Prvé žehnanie zveruje tento problém Bohu. Nevyžaduje žiadne úsilie – je lenivé. Je tiež posudzovačné a samospravodlivé a zameriava sa na Ferove hriechy.

Druhé žehnanie vyžaduje viac premýšľania a viac lásky. Nie je posudzovačné a zameriava sa skôr na Ferov potenciál než na jeho súčasný stav. Nedávno som počul, ako niekto hovorí, že Satan pozná naše meno a potenciál, ale volá na nás naším hriechom, zatiaľ čo Boh pozná náš hriech, ale volá na nás naším skutočným menom a potenciálom. Druhé žehnanie je viac v súlade s Božími plánmi a zámermi. Odráža vykupiteľské srdce Božie. Pamätajte, Boh Fera miluje.

RÔZNE SITUÁCIE, KTORÝM MÔŽEME ČELIŤ

Som študentom žehnania. Keď som začal, nevedel som, ako žehnať, a nenašiel som veľa niečoho, čo by mi pomohlo. Veľmi rýchlo som si začal uvedomovať, že existuje veľa rôznych druhov situácií, takže vám chcem predložiť nasledujúce návrhy. Môžete ich prispôsobiť potrebám vašej konkrétnej situácie a podľa toho, čo si myslíte, že Duch Svätý chce, aby ste povedali. Bude to vyžadovať prax, ale stojí to za to.

Ako žehnať tých, ktorí nám zlorečia alebo nás preklínajú

Pred mnohými rokmi prišla ku mne domov na kávu a na rozlúčku moja zamestnankyňa, ktorá nedávno predtým podala výpoveď. Jej názory boli v duchu New Age – "bohyňa vnútri vás" a podobne. Počas rozhovoru povedala, že posledné dve firmy, pre ktoré pracovala a z ktorých odišla, následne zbankrotovali.

Vtedy som nebol kresťanom príliš dlho, ale aj tak som spoznal, že jej slová boli kliatbou, ktorá chcela niečo podpáliť. Niekoľko sekúnd som cítil strach a potom som to v mysli odmietol prijať. Ale neurobil som ďalší krok, aby som ju požehnal. Keby som ju požiadal o dovolenie modliť sa za to, čo som mal na srdci, tak som mohol povedať niečo ako:

Dana (to nie je jej skutočné meno), zväzujem vplyv čarodejníctva v tvojom živote. Žehnám ťa v mene Ježiša. Prehlasujem nad tebou Božiu dobrotu. Nech sa naplnia Božie úmysly pre tvoj život … žehnám tvoje nadania, nech požehnajú tvojho budúceho zamestnávateľa a prinesú slávu Bohu. Nech sa staneš nádhernou Božou ženou – takou, akou On chce, aby si bola. V mene Ježiša, amen.

Ako žehnať tých, ktorí nás zraňujú alebo odmietajú
Raz som sa modlil za ženu, ktorá mala emocionálne a finančné problémy po tom, čo ju opustil manžel. Spýtal som sa jej, či mu môže odpustiť. No, bolo to ťažké, ale, k jej cti, urobila to. Potom som sa jej opýtal,

či by mohla manžela požehnať. Bola trochu šokovaná, ale bola ochotná to skúsiť. Hoci jej manžel nebol prítomný, viedol som ju v tomto duchu:

Žehnám ťa, môj manžel. Nech sa uskutočnia všetky Božie plány pre tvoj život a pre naše manželstvo. Nech sa staneš mužom, manželom a otcom, ktorým Boh chce, aby si bol. Nech je s tebou Božia milosť a priazeň. V mene Ježiša, amen.

Začiatok bol rozpačitý, ale potom uchopila srdce nebeského Otca a zostúpilo na ňu Božie pomazanie. Obaja sme plakali, ako ju oslovil Duch Svätý, a myslím, že aj jej manžela. Božie cesty nie sú naše cesty.

Žehnať v týchto typoch situácií je tak odvážne – až majestátne – a kresťanské.

Žehnať tých, ktorí si to nezaslúžia, je podstatou Božieho srdca – jeho špecialitou, aby som tak povedal. Pomyslite na toho zlodeja, ktorý bol ukrižovaný vedľa Ježiša, alebo ženu, ktorá bola pristihnutá pri cudzoložstve. A čo vy a ja?

Rôzne situácie, ktorým môžeme čeliť | 43

Žehnanie je "nesvetské" a proti intuícii – nie je to niečo, čo by ľudia v zraňujúcich situáciách mali prirodzený sklon urobiť. Ale je to Boží spôsob a môže uzdraviť toho, kto dáva požehnanie, aj toho, kto požehnanie prijíma. Odstráni jedovaté výbuchy horkosti, pomsty, rozhorčenia a hnevu, ktoré by inak mohli uškodiť vášmu telu a skrátiť váš život.

Tu je email, ktorý som nedávno dostal od Denisa:

Asi pred tromi mesiacmi som hovoril po telefóne so svojím bratom. Veľmi spolu nehovoríme, pretože žije a pracuje v inom meste.

Keď sme končili náš priateľský rozhovor, spýtal som sa ho, či mi dovolí požehnať podnikanie, ktoré prevádzkuje so svojou ženou. Nezareagoval dobre. Bol veľmi sprostý a povedal niekoľko vecí, ktoré ma naozaj nahnevali, a premýšľal som, či to trvale nenarušilo náš vzťah. V nasledujúcich dňoch a týždňoch som však v každodennom živote používal zásady úžasnej moci žehnania a vyhlasoval som Božiu lásku nad podnikaním môjho brata. Niekedy som to robil dvakrát až trikrát denne. Potom, o tri mesiace neskôr, deň pred Vianocami, mi môj brat zavolal, ako by sa nič nestalo. Bol som celkom ohromený jeho veľmi priateľským prístupom a nebola medzi nami vôbec žiadna nenávisť.

Úžasná moc žehnať okolnosti, ktoré sú mimo našej kontroly naozaj funguje ... Chvála Pánovi!

Ako žehnať tých, ktorí nás dráždia
Jednou z najneznesiteľnejších vecí pre niektorých z nás je, keď ľudia robia sebecké, bezohľadné alebo priamo podvodné veci v dopravnej premávke. Stáva sa to často. V okamihu nám môžu prísť na myseľ a vyjsť z úst nekresťanské slová. Keď k tomu dôjde, zlorečíme niekomu, kto bol stvorený Bohom a ktorého Boh miluje. Boh ale môže toho človeka brániť.

Keď sa to stane nabudúce, skúste namiesto zlostných slov toho druhého vodiča požehnať:

Žehnám toho mladíka, ktorý sa predo mňa vtlačil (podvádzal vo fronte). Vyhlasujem nad ním Tvoju lásku, Pane. Dávam priechod Tvojej dobrote a všetkým Tvojim úmyslom pre jeho život. Žehnám tohto mladíka a vyzývam jeho potenciál. Nech bezpečne dorazí domov a je požehnaním svojej rodine. V mene Ježiša, amen.

Alebo menej formálne:

Otče, žehnám vodiča toho auta, v mene Ježiša. Nech ho prenasleduje, predstihne a uväzní Tvoja láska!

Jedna z mojich čitateliek urobila zaujímavé pozorovanie:

Jedna vec, ktorú som si všimla, je, že ma žehnanie zmenilo. Nemôžem napríklad žehnať ľudí, ktorí ma irritujú, a potom o nich hovoriť – alebo si aj myslieť – zlé veci. To by bolo zlé. Namiesto toho očakávam, že zo žehnania vyjdú dobré výsledky… – Jillian

Kedysi som mal priateľa, ktorý sa volal Ján a ten ma pozval, aby som sa modlil ohľadom rodinného sporu o dedičstvo. Spor sa ťahal a stával sa čoraz nepríjemnejším. Navrhol som, že namiesto modlenia tú situáciu požehnáme.

Žehnáme túto situáciu ohľadom sporu o toto dedičstvo v Ježišovom mene. Staviame sa proti rozkolu, sváru a sporom a dávame priechod spravodlivosti, čestnosti a zmiereniu. Tým, ako túto situáciu žehnáme, tak odkladáme svoje vlastné myšlienky a túžby a dávame priechod Bohu, aby naplnil svoje zámery, ako rozdeliť toto dedičstvo. V mene Ježiša, amen.

Behom niekoľkých dní bola záležitosť priateľsky vyriešená.

Páči sa mi, čo povedal iný z mojich čitateľov:

Bol som ohromený rýchlou "dobou odozvy", ktorú som videl pri žehnaní druhých. Je to, ako by bol Pán pripravený zahrnúť láskou ľudí, keď nad nimi vyslovíme modlitby s požehnaním. – Pastor Darin Olson, Junction City, Oregon Nazarene Church

Žehnanie môže naozaj zmeniť náš svet.

AKO NAMIESTO PREKLÍNANIA ŽEHNAŤ SAMI SEBA

Ako rozpoznať a lámať kliatby
Aké bežné sú tieto myšlienky: "Som škaredá, som hlúpy, som nemotorná, myslí mi to pomaly, nikto ma nemá rád, Boh ma nikdy nemôže použiť, som hriešnik…"? Existuje toľko lží, ktorým nás Satan núti veriť.

Mám známu, ktorá to robí v jednom kuse, a to ma trápi. "Ty si ale hlúpa, Ružena (to nie je jej skutočné meno). Zase si to pokazila. Nedokážeš nič urobiť poriadne…"

Tieto kliatby neopakujte ani neprijímajte! Namiesto toho sa žehnajte.

Pamätám si konkrétnu situáciu v modlitebnej skupine. Rozpoznal som ducha bezcennosti u ženy, ktorá prišla, aby sa za ňu modlili. Počas modlitby povedala: "Som hlúpa." Spýtal som sa jej, kde to počula. Povedala mi, že to o nej hovorili jej rodičia. Aké smutné ... a aké bežné.

Viedol som ju v tomto duchu:

> *V mene Ježiša odpúšťam svojim rodičom. Odpúšťam sama sebe. Odpútavam sa od slov, ktoré nado mnou vyslovili moji rodičia aj ja sama. Mám Kristovu myseľ. Som múdra.*

Bez okolkov sme vykázali duchov odmietnutia a bezcennosti, a potom som ju požehnal a vyhlásil som o nej, že je Božia kňažná, že v Jeho očiach má hodnotu, že ju Boh použije, aby požehnal druhých a dal im emocionálne uzdravenie a nádej. Požehnal som ju, aby mala odvahu.

Pomaly to požehnanie vstrebávala. Začala žiariť. Nasledujúci týždeň opísala, ako veľmi jej to pomohlo. Naozaj môžeme zmeniť náš svet.

Môže to robiť ktokoľvek. Biblia je plná Božích zámerov pre ľudí a my môžeme tieto zámery nad nimi vyhlásiť.

Rád by som sa podelil o ďalší príklad. Nedávno som sa modlil za ženu, ktorá mala bolesti žalúdka. Keď som sa modlil, zostúpil na ňu Duch Svätý a ona sa začala zvíjať, ako ju opúšťali démoni. Niekoľko dní bolo všetko v poriadku a potom sa bolesť vrátila. "Prečo, Pane?" Pýtala sa. Cítila, že jej Duch Svätý pripomenul, že nejakú dobu predtým, keď bola v tábore, jej niekto povedal, aby uvarila kurča naozaj poriadne, aby ľuďom nebolo zle. Odpovedala, že nechce, aby jej bolo zle počas niekoľkých ďalších dní (počas trvania konferencie), ale potom že už na tom nebude záležať. Musela zlomiť moc tých nerozvážnych slov a potom sa okamžite uzdravila.

Ako žehnať svoje ústa

Žehnám svoje ústa, aby som hovoril to, čo je vzácne, a nie čo je bezcenné, a aby som bol ústami Pána. (Podľa Jeremiáša 15:19)

Ježiš dosiahol mnohých svojich zázrakov jednoduchým hovorením. Napríklad: "*Choď, syn Ti žije*" (Ján

4:50). Toto chcem. Preto žehnám svoje ústa a dávam pozor na to, čo z nich vychádza.

S manželkou sme raz boli v hoteli v Nouméé. Počuli sme, ako celú noc takmer nepretržite plače bábätko. Po niekoľkých nociach išla moja manželka na priľahlú terasu a spýtala sa jeho matky, čo s ním je. Tá žena to nevedela, ale povedala, že lekár dal bábätku už tretiu sadu antibiotík, ale nič nezabralo. Moja manželka sa jej spýtala, či sa môžem za bábätko modliť, a ona súhlasila, aj keď s pochybnosťami. Takže so svojou veľmi priemernou francúzštinou som sa za bábätko modlil a hovoril nad ním vo viere, aby "spalo ako nemluvňa". A ono spalo.

Ako žehnať svoju myseľ
Často hovorím:

> *Žehnám svoju myseľ, mám Kristovu myseľ. Preto premýšľam ako On. Nech je moja myseľ svätým miestom, kde s potešením prebýva Duch Svätý. Nech prijíma slová poznania, múdrosti a zjavenia.*

Čas od času mám ťažkosti udržať čistotu svojich myšlienok a zisťujem, že toto pomáha. Tiež žehnám svoju predstavivosť, aby bola použitá pre dobro, a nie pre zlo. Jedného dňa som mal trochu problémy s predstavivosťou – putovala na najrôznejšie miesta, kam som nechcel, aby sa dostala – a Boh mi zdôraznil: "Pozri sa vo svojej predstavivosti, ako Ježiš robí svoje zázraky … a potom si predstav, že ich robíš tiež". Zistil som, že je oveľa účinnejšie myslieť na niečo dobré (Filipským 4:8), než myslieť na to, aby som o niečom nepremýšľal! A žehnanie vašej vlastnej mysle a predstavivosti veľmi pomáha pri snahe dosiahnuť cieľ svätosti.

Raz, keď som sa cítil zronený kvôli tomu, že som zlyhal vo svojom myšlienkovom svete, v mojom srdci zazneli slová starého chválospevu:

Buď mojou predstavou, ó Pane môjho srdca,
Nech pre mňa nie je nič iného tým, čím si Ty,
Ty si moja najlepšia myšlienka vo dne alebo
v noci,
Či bdiem alebo spím, Tvoja prítomnosť je mojím
svetlom.

Ako žehnať svoje telo

Poznáte verš: *"Radostné srdce je dobrým liekom"* (Príslovia 17:22)? Biblia hovorí, že naše telo reaguje na pozitívne slová a myšlienky:

Žehnám svoje telo. Týmto sa zbavujem slabosti.
Žehnám svoju fyzickú pohodu.

Raz som sa pozeral na video o mužovi, ktorý mal vážny srdcový problém. Jeho bypass sa zablokoval. Žehnal svoje tepny asi tri mesiace a vyhlasoval, že sú neskutočne a úžasne vytvorené. Pri ďalšej návšteve lekára zistili, že má zázračne nový bypass!

Povedal som si, že to skúsim na svoju pokožku. Od mladosti som mal problémy s poškodením Slnkom. Teraz v starobe sa mi na ramenách a chrbte tvorili malé výrastky, ktoré som si musel nechať každých pár mesiacov zmrazovať. Rozhodol som sa žehnať svoju pokožku. Najprv som ju len žehnal v Ježišovom mene. Ale potom som čítal niečo o povahe pokožky, čo zmenilo môj pohľad. Uvedomil som si, že aj keď som pokožkou pokrytý, nevedel som toho veľa o tomto najväčšom orgáne vo svojom tele. Hovoril som *o nej*, ale nikdy som nehovoril *k nej*. A pochybujem, že som o nej niekedy povedal niečo pekné – skôr som sa sťažoval. Bol som nevďačný.

Ale pokožka je úžasná. Jedná sa o klimatizačný a hygienický systém. Chráni telo pred napadnutím baktériami a sama sa hojí. Pokrýva a chráni všetky naše vnútorné časti a robí to tak krásne.

Vďaka Bohu za pokožku – za vrásky a všetko ostatné. Žehnám ťa, pokožka.

Po niekoľkých mesiacoch tohto žehnania je teraz moja pokožka takmer zahojená, ale kľúčovým bodom bolo, keď som si ju začal vážiť a byť za ňu vďačný. Je neskutočne a úžasne vytvorená. Naozaj to bola skutočná lekcia. Sťažovanie si odpudzuje Božie kráľovstvo, ale vďačnosť ho priťahuje.

Tu je svedectvo môjho priateľa Davida Goodmana:

Pred niekoľkými mesiacmi som počul Richardovu

kázeň na tému žehnania. Je to trochu nevinná téma, ale taká, ktorá ma zaujala kvôli uhlu pohľadu. Záver bol, že žehnanie nemusí byť niečím, o čo žiadame Boha, ale že my ako kresťania máme právomoc, ak nie zodpovednosť, vyjsť do tohto padlého sveta a ako Kristovi vyslanci ovplyvniť životy ostatných jednotlivcov pre Božie kráľovstvo. Môžeme ísť von a žehnať ich životy, a zároveň im odhaliť Krista.

Tá myšlienka je v pohode, keď sa bavíme o druhých, ale narazil som na kamenný múr, keď som sa mal zamyslieť nad žehnaním sám seba. Nemohol som sa zbaviť myšlienky, že nie som hoden, že som sebec, že Boha beriem za samozrejmosť. Moje myslenie sa zmenilo, keď som pochopil, že my kresťania sme nové stvorenia, znovuzrodené a stvorené na účel, ktorý pre nás naplánoval Boh. Tým, že tomu tak je, potom telo, ktoré teraz máme, je teda telom, ktoré by sme si mali vážiť a starať sa o neho – teraz sme predsa koniec koncov chrámom, kde prebýva Duch Svätý.

Preto som začal robiť krátky pokus. Každý deň, keď som sa prebudil, som žehnal časť svojho tela, ďakoval za to, ako funguje, chválil ju za dobre odvedenú prácu. Chválil som svoje prsty za ich obratnosť, za zručnosti, ktoré majú pri plnení všetkých úloh, ktoré sú od nich vyžadované, a iné. Chválil som a ďakoval svojim nohám za neúnavnú prácu, s akou ma prepravujú, za rýchlosť, za ich schopnosť pracovať jednotne. Chválil som svoje telo za to, že všetky časti dobre spolupracujú. Z toho vzišla jedna zvláštna vec.

Pretože som sa cítil oveľa lepšie fyzicky i psychicky, obrátil som svoje myšlienky na bolesť, ktorú som mal niekoľko mesiacov v dolnej časti ruky – bolesť, ktorá sa zdala byť v kosti a ktorú som musel pravidelne trieť, aby som aspoň čiastočne zmiernil neustále pulzovanie. Zameral som sa na túto časť, chválil som svoje telo za jeho liečivé schopnosti, za jeho výdrž pri prekonávaní vecí, ktoré sú mu hodené do cesty, za podporu, ktorú môžu poskytnúť ďalšie jeho časti, zatiaľ čo v inej prebiehajú opravy. Až asi o tri týždne neskôr som sa jedného rána zobudil a uvedomil som si, že už v ruke nemám žiadnu bolesť, že bolesť úplne zmizla a nevrátila sa.

Uvedomil som si, že aj keď je určite čas a miesto, kde sa dar uzdravovania má skrze vieru uplatňovať v prospech druhých, existuje aj ďalšia cesta, otvorená pre nás ako jednotlivcov, aby sme použili dar uzdravovania sami pre seba. Je to ponaučenie o pokore, že môžeme veriť tomu, čo Boh dal našim novým telám, že môžeme ísť vpred s dôverou v nový a živý spôsob života.

Dostal som veľa svedectiev o fyzickom uzdravení ako odpoveď na požehnanie. Môžete si ich prečítať na www.richardbruntonministries.org/testimonies.

Ako žehnať svoj domov, manželstvo a deti

Váš dom – typické požehnanie domu
Je dobré požehnať svoj dom a toto požehnanie obnovovať aspoň raz ročne. Požehnanie miesta, kde

žijete, jednoducho spočíva v použití vašej duchovnej autority v Kristovi Ježišovi k zasväteniu tohto miesta Pánovi. Tým pozývame Ducha Svätého, aby vošiel, a nútime všetko ostatné, čo nie je od Boha, aby odišlo.

Domov nie sú len tehly a malta – má tiež osobnosť. Rovnako ako teraz máte legálny prístup do svojho domu, niekto iný mal do neho alebo na váš pozemok právny prístup pred vami. Na tom mieste sa mohli stať veci, ktoré priniesli požehnanie alebo kliatby. Bez ohľadu na to, čo sa stalo, je to vaša autorita, ktorá určuje, aká bude duchovná atmosféra odteraz. Pokiaľ z minulého vlastníctva stále pokračuje démonická aktivita, pravdepodobne to vycítite – a je len na vás, aby ste tieto sily vyhnali.

Samozrejme musíte sami zvážiť, akým démonickým silám možno nevedomky poskytujete prístup do vášho domova. Máte bezbožné obrazy, artefakty, knihy, hudbu alebo DVD? Aké televízne programy povoľujete? Je vo vašom dome hriech?

Tu je jednoduché požehnanie, ktoré by ste mohli predniesť, keď prechádzate z miestnosti do miestnosti:

> *Žehnám tento dom, náš domov. Vyhlasujem, že tento dom patrí Bohu, zasväcujem ho Bohu a dávam ho pod vládu Ježiša Krista. Je to dom požehnania.*
>
> *Ježišovou krvou lámem každú kliatbu v tomto dome. V Ježišovom mene preberám autoritu nad všetkými démonmi a prikazujem im, aby okamžite odišli a nikdy sa nevrátili. Vyháňam každého ducha sváru, nejednoty a nezhody. Vyháňam ducha chudoby.*
>
> *Príď, Duch Svätý, a vyžeň všetko, čo nie je od Teba. Naplň tento dom svojou prítomnosťou. Nech vojde Tvoje ovocie: láska, radosť, pokoj, láskavosť, trpezlivosť, dobrota, miernosť, vernosť a sebakontrola. Žehnám tento dom prekypujúcim pokojom a oplývajúcou láskou. Nech všetci, ktorí sem vojdú, cítia Tvoju prítomnosť a sú požehnaní. V mene Ježiša, amen.*

Prešiel som hranice svojho pozemku, požehnal som ho a duchovne pokropil krvou Ježiša Krista na ochranu majetku a ľudí na ňom pred každým zlom a prírodnými katastrofami.

Vaše manželstvo

Máme také manželstvo, aké žehnáme, alebo máme také manželstvo, aké zlorečíme.

Keď som prvýkrát čítal tento výrok v knihe *Moc žehnania* od Kerryho Kirkwooda, bol som trochu otrasený. Je to pravda?

Veľa som o tom premýšľal a myslím si, že tieto slová sú do značnej miery pravdivé – akékoľvek nešťastie v našom manželstve alebo u našich detí je spôsobené tým, že ich nežehnáme! Žehnaním dostávame v plnej miere Bohom zamýšľanú láskavosť voči nám – vrátane dlhého života a zdravých vzťahov. Stávame sa účastníkmi alebo partnermi v tom, čo a koho žehnáme.

Dajte si pozor na kliatby. Manželia sa navzájom dobre poznajú. Poznáme všetky citlivé stránky. Hovoríte niečo v tomto zmysle alebo hovorí niekedy niekto niečo také o vás: "Nikdy ma nepočúvaš", "Máš hroznú pamäť", "Nevieš variť", "Si drevo na…"? Ak sa to hovorí dosť často, tak sa také slová stanú kliatbami a vyplnia sa.

Nepreklínajte, ale žehnajte. Pamätajte si, že ak preklínate (hovoríte slová smrti), nezdedíte požehnanie, ktoré pre vás Boh má. Ešte horšie je to, že preklínanie ovplyvňuje viac nás ako toho, koho zlorečíme. Môže to byť jeden z dôvodov, prečo nemáme odpovede na modlitby?

Učiť sa žehnať môže byť ako učiť sa nový jazyk – najprv rozpačité. Napríklad:

> *Nikola, žehnám ťa v mene Otca, Syna a Ducha Svätého. Dávam priechod všetkej Božej láskavosti. Nech sa uskutočnia Božie úmysly pre tvoj život.*
>
> *Žehnám tvoj dar zoznamovať sa s ľuďmi a milovať ich, tvojmu daru láskavej pohostinnosti. Žehnám tvoj dar, že sa vďaka tebe ľudia cítia*

v pohode. Prehlasujem, že si Božia hostiteľka, že prijímaš ľudí tak, ako by ich prijal On. Žehnám ťa energiou, aby si to dokázala robiť aj v staršom veku. Žehnám ťa zdravím a dlhým životom. Žehnám ťa olejom radosti.

Vaše deti

Existuje mnoho spôsobov, ako požehnať dieťa. Takto ja žehnám svoju vnučku, ktorá má štyri roky:

Ashley, žehnám tvoj život. Nech sa staneš úžasnou Božou ženou. Žehnám tvoju myseľ, aby zostala zdravá a aby bola vo všetkých tvojich rozhodnutiach múdrosť a súdnosť. Žehnám tvoje telo, aby zostalo čisté až do svadby a bolo zdravé a silné. Žehnám tvoje ruky a nohy, aby mohli vykonávať prácu, ktorú pre teba Boh naplánoval. Žehnám tvoje ústa. Nech hovoria slová pravdy a povzbudenia. Žehnám tvoje srdce, aby bolo verné Pánovi. Žehnám tvojho budúceho manžela a životy tvojich budúcich detí výdatnosťou a jednotou. Ashley, milujem všetko na tebe a som hrdý na to, že som tvoj dedko.

Samozrejme, ak má dieťa v určitej oblasti ťažkosti, môžeme ho náležite požehnať. Pokiaľ má problémy s učením, môžeme požehnať jeho myseľ, aby si zapamätalo, čo sa učí, a porozumelo, ako funguje vyučovanie. Ak zažíva šikanovanie, môžeme ho požehnať, aby rástlo v múdrosti a význame a v prospech Boha a ostatných detí, a tak ďalej.

Spomínam si, ako som hovoril s úžasnou Božou ženou o jej vnukovi. Všetko, čo o ňom povedala, bolo zamerané na jeho chyby, jeho spurný postoj a problémy so správaním v škole. Poslali ho do tábora, aby mu to pomohlo sa dostať späť na priamu cestu, ale odtiaľ ho poslali späť domov, pretože im tam robil veľké problémy.

Po chvíľke načúvania som tej žene poukázal na to, ako neúmyselne preklína svojho vnuka tým, ako o ňom hovorí, a že ho väzní svojimi slovami. Prestala teda hovoriť negatívne a namiesto toho ho zámerne žehnala. Jej manžel, chlapcov dedo, robil to isté. Behom niekoľkých dní sa chlapec úplne zmenil, vrátil sa do tábora a darilo sa mu. Rozprávajte o rýchlej odozve na úžasnú moc žehnania!

Jednou z najúžasnejších vecí, ktorú môže otec dať svojim deťom, je otcovské požehnanie. Dozvedel som sa o tom z *Otcovského požehnania* od Franka Hammonda, čo je úžasná kniha. Bez otcovského požehnania máme stále pocit, že nám niečo chýba – vznikne prázdnota, ktorú nič iné nenaplní. Otcovia, položte ruky na svoje deti a ďalších členov rodiny (napr. položte ruku na hlavu alebo na ramená) a často ich žehnajte. Odhaľte dobré veci, ktoré Boh urobí pre vás aj pre nich.

Kdekoľvek zdieľam toto posolstvo, pýtam sa dospelých mužov a žien: "Na koľkých z vás váš otec niekedy položil ruky a požehnal vás?" Veľmi málo ľudí zdvihne ruky. Potom otázku otočím: "Na koľkých z vás váš otec nikdy nepoložil ruky a nepožehnal vás?" Takmer každý zdvihne ruku.

Potom sa spýtam, či mi dovolia, aby som im bol na okamih duchovným otcom – náhradníkom – aby som im mohol z moci Ducha Svätého dať požehnanie, ktoré nikdy nedostali. Odozva je ohromujúca: slzy, vyslobodenie, radosť, uzdravenie. Jednoducho úžasné!

Ak túžite po otcovskom požehnaní toľko ako ja, tak nad sebou nahlas vyslovte nasledujúce. Je to požehnanie, ktoré som upravil z knihy Franka Hammonda:

Otcovské požehnanie

Mám ťa rád, moje dieťa. Si výnimočný/á. Si mojím darom od Boha. Ďakujem Bohu, že mi dovolil, aby som ti bol otcom. Mám ťa rád a som na teba hrdý.

Prosím ťa, aby si mi odpustil/a veci, ktoré som povedal, a urobil a ktoré ti ublížili. Aj za veci, ktoré som neurobil, a za slová, ktoré som nikdy nepovedal a ktorá si chcel/a počuť.

Lámem a odstraňujem každú kliatbu, ktorá ťa prenasleduje kvôli mojim hriechom, hriechom tvojej matky a hriechom tvojich predkov. Chválim Boha, že sa Ježiš stal kliatbou na kríži, aby sme sa my mohli oslobodiť od každej kliatby a obdržať požehnanie.

Žehnám ťa, aby si bol/a uzdravený/á od všetkých zranení srdca – zranení spôsobeného odmietnutím, zanedbaním a zlým zaobchádzaním, ktoré si utrpel/a. V mene Ježiša rušim moc všetkých krutých a nespravodlivých slov, ktoré proti tebe boli vyslovené.

Žehnám ťa prekypujúcim pokojom, pokojom ktorý môže poskytnúť len Knieža Pokoja.

Žehnám ťa, aby si mal/a plodný život: dobré ovocie, hojné ovocie a ovocie ktoré pretrváva.

Žehnám ťa úspechom. Si hlava a nie päta, si nad a nie pod.

Žehnám dary, ktoré ti Boh dal. Žehnám ťa múdrosťou, aby si konal/a dobré rozhodnutia a rozvíjal/a svoj plný potenciál v Kristovi.

Žehnám ťa prekypujúcou hojnosťou, vďaka ktorej môžeš byť požehnaním pre ostatných.

Žehnám ťa, aby si mal/a duchovný vplyv, pretože si svetlo sveta a soľ zeme.

Žehnám ťa, aby si mal/a hlboké duchovné porozumenie a dôverne chodil/a s tvojím Pánom. Nezakopneš ani nezaváhaš, pretože Slovo Božie bude lampou tvojim nohám a svetlom tvojej ceste.

Žehnám ťa, aby si videl/a ženy a mužov, ako ich videl a vidí Ježiš.

Žehnám ťa, aby si videl/a, vydoloval/a oslavoval/a zlato v ľuďoch, nie v hline.

Žehnám ťa, aby si nechal/a pôsobiť Boha na pracovisku – nielen svedčil/a alebo bol/a dobrým príkladom, ale tiež oslavoval/a Boha znamenitosťou a tvorivosťou svojej práce.

Žehnám ťa, aby si mal/a dobých priateľov. Máš náklonnosť u Boha aj u ľudí.

Žehnám ťa hojnou a prekypujúcou láskou,

s ktorou budeš hlásať Božiu milosť druhým. Budeš hlásať Božiu utešujúcu milosť ostatným. Si požehnané, moje dieťa! Si požehnaný/á všetkými duchovnými požehnaniami v Kristovi Ježišovi. Amen!

Svedectvo o hodnote otcovského požehnania

Otcovské požehnanie ma zmenilo. Od svojho narodenia som nikdy nepočul nikoho kázať niečo také. Nikdy som nemal biologického otca, ktorý by sa kedy prihováral do môjho života až do bodu, kde sa teraz nachádzam. Boh ťa použil, Richard, aby si ma priviedol do bodu, kedy som mal potrebu sa modliť a nechať duchovného otca, aby vyslovil otcovské požehnanie nad mojím životom. Keď si vyslovil otcovské požehnanie synovi, utešilo to moje srdce a teraz som šťastný a požehnaný. – Pastor Wycliffe Alumasa, Keňa

Bola to dlhá a náročná cesta, keď som prechádzal depresiou, boj zvádzaný na mnohých frontoch – v mysli, v duchu, v tele. Ako kľúčové sa ukázalo zahojenie mojej minulosti a nič nebolo dôležitejším krokom vpred než odpustenie môjmu otcovi – nielen za tie zraňujúce veci, ktoré v minulosti urobil, ale ešte viac za veci, ktoré neurobil, ktoré zanedbal. Môj otec mi nikdy nepovedal, že ma má rád. Mal citový blok. Nedokázal nájsť láskyplné, starostlivé a citové slová, ktoré by mi povedal – napriek túžbe mojej duše ich počuť.

Kým skrze odpustenie a vnútorné uzdravenie sa moja depresia zlepšila, stále som mal niektoré fyzické príznaky – najväčší bol syndróm dráždivého čreva. Môj lekár mi predpísal lieky a diétu síce s určitým ale malým účinkom, o ktorých mi bolo povedané, že sú len na zvládanie príznakov, nie na vyliečenie.

Môj priateľ Richard mi rozprával príbehy o otcovskom požehnaní a o tom, aké malo u ľudí odozvu. Niečo v mojom duchu sa tejto myšlienky chytilo. Uvedomil som si, že aj keď som svojmu otcovi odpustil za prázdne miesto, ktoré zane-

chal, v skutočnosti som toto prázdne miesto nezaplnil, ani som nenaplnil túžbu svojej duše.

A potom sa to stalo. Jedného rána v kaviarni pri raňajkách na seba Richard vzal úlohu, ktorú môj otec nedokázal splniť, a žehnal mňa ako syna. Zostúpil na mňa Duch Svätý a zostal so mnou celý ten deň. Bol to krásny zážitok a tá časť mojej duše, ktorá kričala, sa upokojila.

Neočakávaným výsledkom však bolo, že sa úplne zastavili moje príznaky syndrómu dráždivého čreva. Lieky a doktorovu diétu som zahodil. Keď moja duša dostala to, po čom túžila, uzdravilo sa aj moje telo. – Ryan

Vyriekla som nad sebou a prečítala "Otcovské požehnanie". Sotva som to zo seba dokázala dostať von, tak som len plakala a plakala a cítila, že ma Pán uzdravuje. Môj vlastný otec ma len preklínal a hovoril o mne negatívne, až kým nezomrel. Cítila som sa akoby oslobodená. – Mandy

Otcovské požehnanie malo významný dosah všade, kde som ho vyslovil. Veľa svedectiev si môžete prečítať na www.richardbruntonministries.org/testimonies a pozrieť sa na video o otcovskom požehnaní na www.richardbruntonministries.org/resources.

Ako prorockými slovami žehnať druhých ľudí
Aj keď som uviedol príklady, ktoré vám pomôžu začať, je dobré požiadať Ducha Svätého, aby vám pomohol byť Božími ústami, vyhlasovať a nechať pôsobiť konkrétny Boží zámer alebo "zrelé slovo" (správne slovo v správny čas). Pokiaľ to situácia dovoľuje, uvoľnite svojho ducha modlitbou v jazykoch alebo chválami.

Môžete začať použitím rôznych vyššie uvedených vzorov, ale verte, že vás Duch Svätý nasmeruje. Počúvajte tlkot Jeho srdca. Možno začnete váhavo, ale čoskoro si získate srdce Pána.

Ako žehnať svoje pracovisko
Vráťte sa späť k prvej časti a prispôsobte si vašim okolnostiam príklad, ktorý som uviedol z vlastnej

skúsenosti. Buďte otvorení tomu, čo vám Boh ukáže – môže upraviť váš náhľad. Požehnanie nie je nejaké kúzlo. Boh napríklad neprinúti ľudí uveriť tomu, čo nepotrebujú alebo nechcú. Boh tiež nepožehná lenivosť a nepoctivosť. Ale ak spĺňate jeho podmienky, tak by ste mali žehnať svoje podnikanie – aby vám Boh pomohol ním pohnúť z miesta, kde sa nachádza teraz, tam kde chce, aby bolo. Načúvajte Jeho radám alebo radám ľudí, ktorých vám posiela. Buďte otvorení. Ale tiež očakávajte Jeho priazeň, pretože vás miluje a chce, aby ste uspeli.

Dostal som toto svedectvo od Bena Foxa:

Moja konkrétna práca v oblasti nehnuteľností prešla v posledných niekoľkých rokoch zmenami a v mojom podnikaní došlo k výraznému poklesu. Išiel som za niekoľkými ľuďmi, aby sa modlili za moju prácu, pretože moje pracovné vyťaženie klesalo do bodu, kedy som bol plný obáv a úzkosti.

Na začiatku roka 2015 som počul niekoľko kázní pána Bruntona o žehnaní vlastnej práce, pod-

nikania, rodiny a ďalších oblastí. Až do tej doby sa moje modlitby zameriavali na to, že som žiadal Boha, aby mi v týchto oblastiach pomohol. Myšlienku žehnať sám seba ma nikto neučil, ale teraz vidím, že sa o nej píše v celej Biblii, a viem, že Boh nás vyzýva a dal nám právomoc, aby sme to robili v mene Ježiša. Začal som teda žehnať svoju prácu – vyhlasovať nad ňou Božie slovo a ďakovať za ňu Bohu. Vytrvale som žehnal svoju prácu každé ráno a tiež ďakoval Bohu za nové zákazky a prosil som ho, aby mi poslal zákazníkov, ktorým by som mohol pomôcť.

Počas nasledujúcich dvanástich mesiacov sa objem mojej práce výrazne zvýšil a od tej doby som niekedy len ťažko zvládol množstvo práce, ktorú som mal. Naučil som sa, že existuje spôsob, ako začleniť Boha do našich každodenných povinností, a žehnanie našej práce je súčasťou toho, k čomu nás Boh povoláva. Preto prisudzujem všetku zásluhu Bohu. Tiež som začal pozývať Ducha Svätého do svojho pracovného dňa a žiadať o múdrosť a tvorivé nápady. Najmä som si všimol, že keď žiadam Ducha Svätého, aby mi pomohol s produktivitou mojej práce, zvyčajne ju dokončím s veľkým predstihom.

Zdá sa mi, že veľa cirkví zabudlo na učenie o žehnaní a ako sa to robí, pretože ostatní kresťania, s ktorými hovorím, o tom nevedia. Žehnať moju prácu sa teraz stalo mojím každodenným zvykom, rovnako ako žehnať druhých. Tiež sa s nádejou teším, že uvidím ovocie v ľuďoch a veciach, ktoré žehnám, keď je to v súlade s Božím slovom a v Ježišovom mene.

Ako žehnať komunitu

Tu mám na mysli ako cirkev alebo podobná organizácia žehná komunitu, v ktorej pôsobí.

Ľudia v .... (komunita), žehnáme vás v mene Ježiša, aby ste poznali Boha, poznali jeho zámery pre vaše životy a poznali jeho požehnanie pre každého z vás, vaše rodiny a všetky situácie vo vašich životoch.

Žehnáme každú domácnosť v ....

(komunita). Žehnáme každé manželstvo a žehnáme vzťahy medzi rodinnými príslušníkmi rôznych generácií.

Žehnáme vás na zdraví a bohatstve. Žehnáme prácu vašich rúk. Žehnáme každé prospešné podnikanie, do ktorého ste zapojení. Nech prospieva.

Žehnáme žiakov vo vašich školách, žehnáme ich, aby sa učili a porozumeli tomu, čo sa učia. Nech rastú v múdrosti a význame a v priazni Božej i ľudskej. Žehnáme učiteľov a modlíme sa, aby škola bola bezpečným a zdravým miestom, kde je možné bez problémov učiť vieru v Boha a v Ježiša.

Prihovárame sa k srdciam všetkých ľudí, ktorí sú v tejto komunite. Žehnáme ich, aby boli otvorení vábeniu Ducha Svätého a stále viac boli ústretoví Božiemu hlasu. Žehnáme ich takým nadbytkom Nebeského kráľovstva, ktoré zažívame tu v .... (cirkev).

Je jasné, že tento druh žehnania by mal byť prispôsobený konkrétnemu typu komunity. Ak je to poľnohospodárska komunita, môžete žehnať zem a zvieratá, pokiaľ je to komunita s bežnou nezamestnanosťou, žehnajte miestne podniky, aby vytvárali pracovné miesta. Zamerajte žehnanie na danú potrebu. Nerobte si starosti, či si to zaslúžia alebo nie! Ľudia vycítia vo svojich srdciach, odkiaľ to požehnanie pochádza.

Ako žehnať zem

V Genezis vidíme, ako Boh žehná ľudstvo, dáva mu vládu nad zemou a všetkými živými bytosťami a prikazuje mu, aby boli plodní a množili sa. To bola jedna zo stránok pôvodnej slávy ľudstva.

Keď som bol nedávno v Keni, stretol som misionára, ktorý si vzal deti z ulice a učil ich poľnohospodárstvu. Povedal mi príbeh z moslimskej komunity, kde sa hovorilo, že ich zem je prekliata, pretože na nej nič nerastie. Môj misionársky priateľ a jeho kresťanská komunita tú zem požehnali a stala sa úrodnou.

To bola dramatická ukážka Božej moci uvoľnenej žehnaním.

Keď som bol v Keni, chodil som vôkol celého sirotinca, ktorý náš zbor podporoval, a žehnal som jeho sad, ich záhradu, ich sliepky a ich kravy. (Požehnal som aj svoje vlastné ovocné stromy, s výbornými výsledkami.)

Geoff Wiklund rozpráva príbeh cirkvi na Filipínach, ktorá požehnala časť cirkevnej pôdy počas obdobia veľkého sucha. Ich pôda bola jediným miestom, ktorému sa dostalo dažďa. Susední farmári si chodili naberať vodu pre svoju ryžu z priekop, ktoré ohraničovali obvod cirkevnej pôdy. To je ďalší pozoruhodný zázrak, v ktorom bola Božia priazeň uvoľnená žehnaním.

Ako žehnať Pána

Hoci som toto nechal na koniec, malo by to byť na prvom mieste. Dôvod, prečo som to nechal na koniec, je však preto, že mi nepripadá, že by to zapadalo do vzoru "vyslovovať úmysly alebo Božiu lásku nad niekým alebo niečím". Skôr je to myšlienka "ako robiť radosť".

Ako žehnáme Boha? Jeden spôsob, ako to dosiahnuť, nám ukazuje Žalm 103:

> *Dobroreč, duša moja, Hospodinovi ... a nezabúdaj na žiadne jeho dobrodenia...*

Aké sú Pánove odmeny pre naše duše? Odpúšťa, uzdravuje, vykupuje, ozdobuje, uspokojuje, obnovuje...

Naučil som sa pamätať a ďakovať každý deň Bohu za to, čo vo mne a skrze mňa robí. Pamätám si a vážim si všetko, čím pre mňa je. To požehnáva jeho aj mňa! Ako sa cítite, keď vám dieťa poďakuje alebo ocení niečo, čo ste urobili alebo povedali? Zahreje vás to pri srdci a máte chuť pre neho urobiť viac.

Záverečné slovo čitateľa

Je ťažké vysvetliť, ako žehnanie zmenilo môj

život. Podľa mojich krátkych skúseností zatiaľ nikto neodmietol požehnanie, keď som mu ho ponúkla dať – dokonca som mala možnosť požehnať moslimského muža. Ak ponúkame modlitbu s požehnaním života človeka, otvára to dvere… je to jednoduchý, nezastrašujúci spôsob, ako vniesť Božie kráľovstvo do situácie, do ľudského života. Možnosť modliť sa požehnanie mi pridala do mojej duchovnej sady nástrojov veľmi výnimočný nástroj… je to, ako by časť môjho života predtým chýbala a teraz bola vsunutá na svoje miesto… – Sandi

Záverečné slovo autora
Verím, že toto je od Boha:

Kresťan, keby si len poznal, akú autoritu máš v Kristovi Ježišovi, tak by si zmenil svet.

UPLATNENIE

- Spomeňte si na niekoho, kto vám ublížil – odpustite, ak je treba, ale potom choďte ešte ďalej a požehnajte ho.

- Pouvažujte o veciach, ktoré pravidelne hovoríte, kedy preklínate druhých alebo seba. Čo s tým urobíte?

- Napíšte si požehnanie pre seba, svojho manžela / svoju manželku a vaše deti.

- Stretnite sa s inou osobou a buďte otvorení tomu, že o nej budete prorokovať. Požiadajte Boha, aby vám odhalil niečo konkrétne a povzbudzujúce pre túto osobu. Začnite hovoriť všeobecne, napríklad: "Žehnám ťa v mene Ježiša. Nech sa uskutočnia Božie plány a zámery pre tvoj život…" a čakajte, buďte trpezliví. Pamätajte, že máte Kristovu myseľ. Potom sa prehoďte a nechajte tú druhú osobu, aby vám prorocky žehnala.

- Vo svojom zbore vypracujte spoločné žehnanie, ktorým by ste aktívne pomáhali a uzdravovali váš región, alebo žehnajte svoje poslanie, ktoré už máte.

AKO SA STAŤ KRESŤANOM

Táto knižka bola napísaná pre kresťanov. Pod "kresťanmi" nemyslím len ľudí, ktorí žijú dobrý život. Myslím ľudí, ktorí sa "znovu narodili" z Ducha Božieho a ktorí milujú a nasledujú Ježiša Krista.

Ľudia pozostávajú z troch častí: ducha, duše a tela. Duchovná časť bola navrhnutá tak, aby poznala a bola v úzkom kontakte so svätým Bohom, ktorý je Duch. Ľudia boli stvorení pre intimitu s Bohom, ducha s Duchom. Ľudský hriech nás však oddeľuje od Boha, čo má za následok smrť nášho ducha a stratu spoločenstva s Bohom.

V dôsledku toho majú ľudia sklon fungovať len zo svojich duší a tiel. Duša zahŕňa rozum, vôľu a emócie. Výsledok toho je vo svete až príliš zrejmý: sebectvo, pýcha, chamtivosť, hlad, vojny a nedostatok skutočného pokoja a zmyslu.

Ale Boh mal plán na vykúpenie ľudstva. Boh Otec poslal svojho Syna, Ježiša, ktorý je tiež Boh, aby prišiel na Zem ako človek, aby nám ukázal, aký je Boh – *"ak ste videli mňa, videli ste Otca"* – a aby na seba vzal dôsledky nášho hriechu. Jeho hrozná smrť na kríži bola plánovaná od samého začiatku a bola podrobne predpovedaná v Starom zákone. Zaplatil cenu za hriech ľudstva. Bolo zadosťučinené Božej spravodlivosti.

Ale potom Boh vzkriesil Ježiša z mŕtvych. Ježiš sľubuje, že tí, kto v neho veria, budú aj vzkriesení z mŕtvych, aby s Ním strávili večnosť. *Teraz* nám dáva svojho Svätého Ducha ako záruku, aby sme Ho poznali a spolu s ním chodili po zvyšok svojho pozemského života.

Takže tu máme podstatu evanjelia Ježiša Krista. Ak uznáte svoj hriech a vyznáte sa z neho, ak veríte, že Ježiš vzal na kríži na seba váš trest a že bol vzkriesený z mŕtvych, bude vám pripočítaná Jeho spravodlivosť. Boh pošle svojho Svätého Ducha, aby znovu oživil vášho ľudského ducha – to je to, čo znamená znovu sa narodiť – a budete môcť začať dôverne spoznávať

Boha a byť s ním v úzkom kontakte – predovšetkým preto vás stvoril! Keď vaše fyzické telo zomrie, Kristus vás vzkriesi a dá vám slávne, nezničiteľné. Páni!

Kým budete naďalej na tejto Zemi, Duch Svätý (ktorý je tiež Boh) bude vo vás pôsobiť (aby vás očistil a urobil z vás podobnejšieho Ježišovi) a cez vás (aby ste boli požehnaním pre ostatných).

Tí, ktorí sa rozhodli neprijať to, za čo Ježiš zaplatil, pôjdu na súd so všetkými vyplývajúcimi dôsledkami. To predsa nechcete.

Tu je modlitba, ktorú sa môžete modliť. Ak sa ju budete modliť úprimne, znovu sa narodíte.

> *Drahý Bože, ktorý si v nebesiach, prichádzam k Tebe v mene Ježiša. Priznávam, že som hriešnik. (Vyznajte všetky svoje známe hriechy). Je mi naozaj ľúto mojich hriechov a života, ktorý som žil/a bez Teba, a potrebujem Tvoje odpustenie.*

> *Verím, že Tvoj jediný Syn, Ježiš Kristus, prelial svoju drahocennú krv na kríži a zomrel za moje*

hriechy, a ja som teraz ochotný/á odvrátiť sa od svojho hriechu.

V Biblii si povedal (Rimanom 10:9), že ak prehlásime, že Ježiš je Pán, a veríme vo svojich srdciach, že Boh vzkriesil Ježiša z mŕtvych, budeme spasení.

Na tomto mieste uznávam Ježiša ako Pána svojej duše. Verím, že Boh vzkriesil Ježiša z mŕtvych. V tomto momente prijímam Ježiša Krista ako svojho osobného Spasiteľa a podľa Jeho Slova som teraz spasený/á. Ďakujem, Pane, za to, že si ma tak veľmi miloval, že si bol ochotný zomrieť namiesto mňa. Si úžasný, Ježišu, a ja Ťa milujem.

Teraz Ťa prosím, aby si mi pomohol svojím Duchom, aby som bol/a človekom, ktorým si už pred začiatkom času zamýšľal, aby som bol/a. Veď ma ku spoluveriacim a cirkvi podľa Tvojej voľby, aby som v Tebe mohol/la rásť. V mene Ježiša, amen.

Vďaka, že ste si prečítali túto knižku.
Rád privítam svedectvo o tom, ako žehnanie
zmenilo váš život, alebo životy tých, ktorých
ste požehnali. Prosím, kontaktujte ma na:
richard.brunton134@gmail.com

Navštívte www.richardbruntonministries.org

O autorovi: Richard Brunton v roku 1981 spoluzaložil spoločnosť Colmar Brunton a vybudoval z nej najznámejšiu novozélandskú spoločnosť na prieskum trhu. V roku 2014 odišiel do dôchodku a od tej doby sa venuje písaniu, kázaniu a duchovnej službe na Novom Zélande aj v zahraničí. Je tiež autorom knižky *Pomazaný pre prácu* – čo je výzva k vstupu do vzrušujúceho a napĺňajúceho sveta, kde má nadprirodzeno silný vplyv na pracovisku.

www.ingramcontent.com/pod-product-compliance
Lightning Source LLC
Chambersburg PA
CBHW071837290426
44109CB00017B/1842